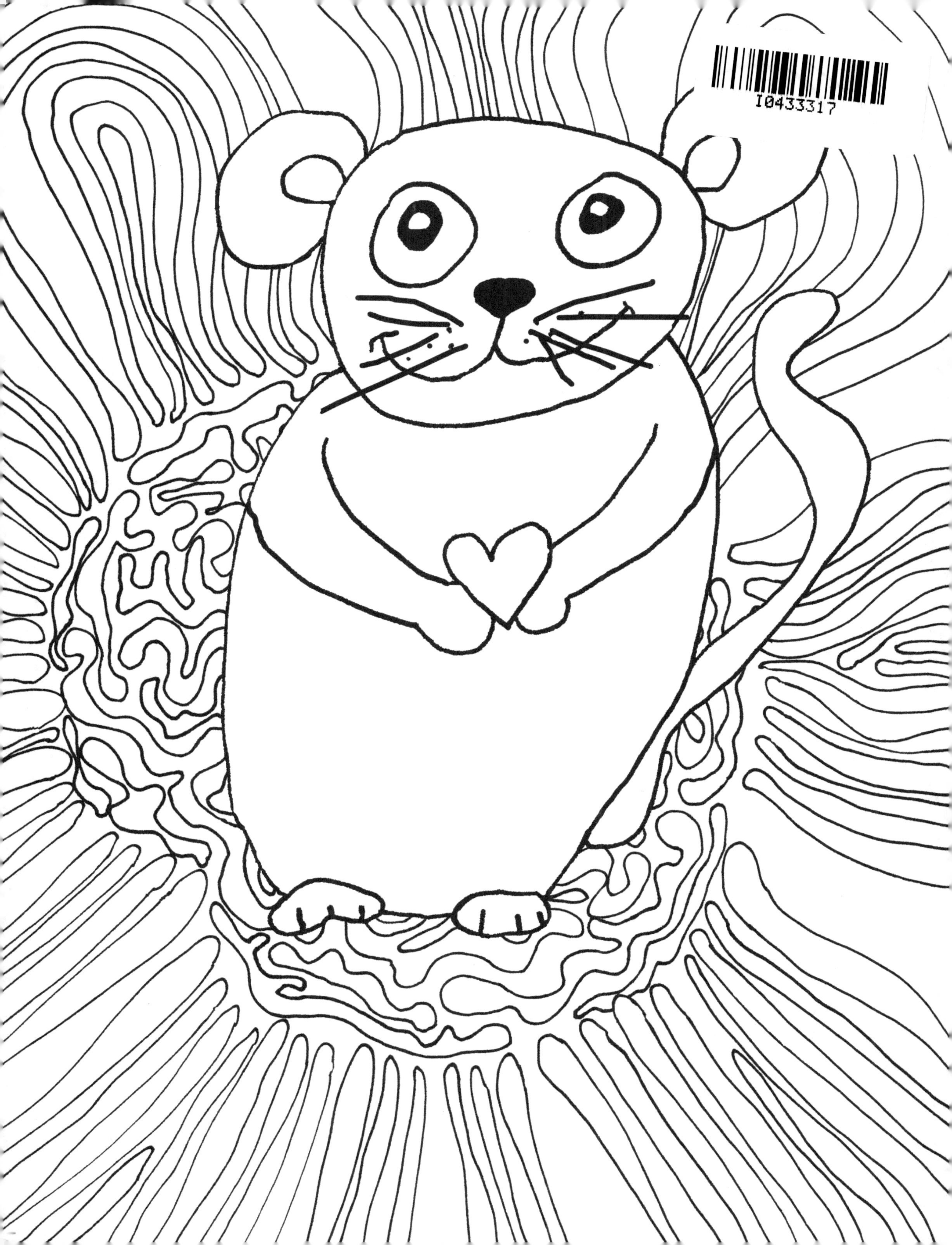

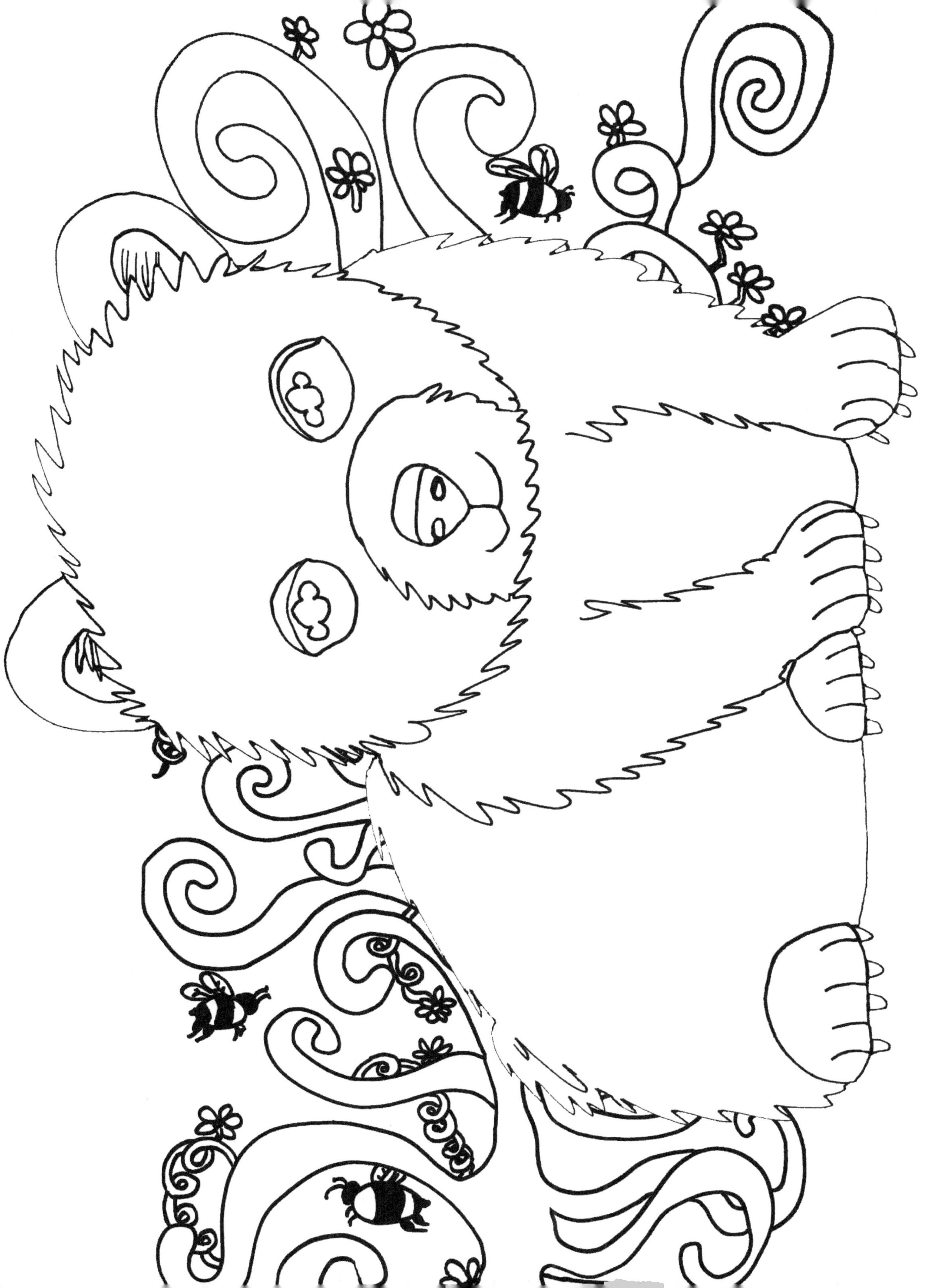

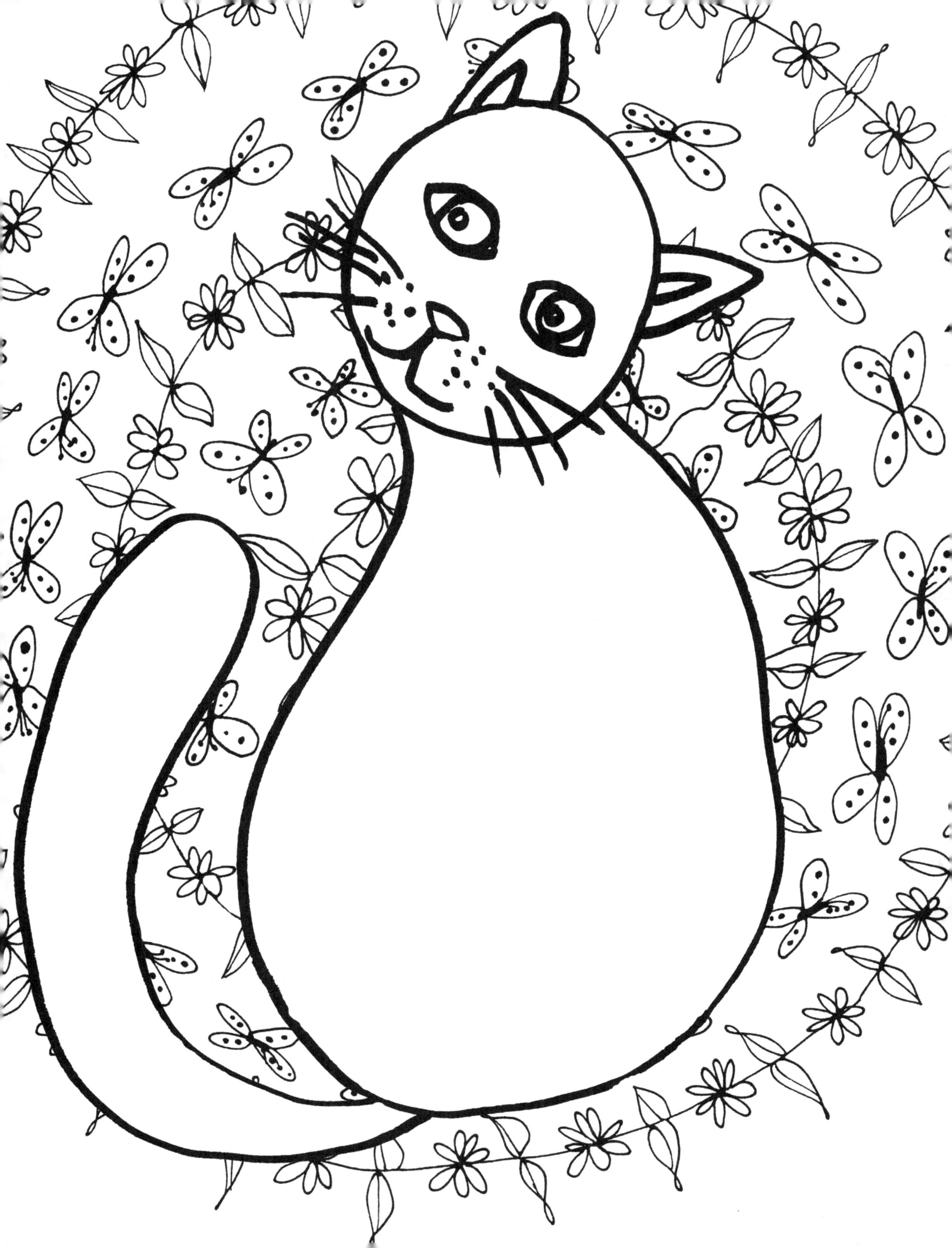

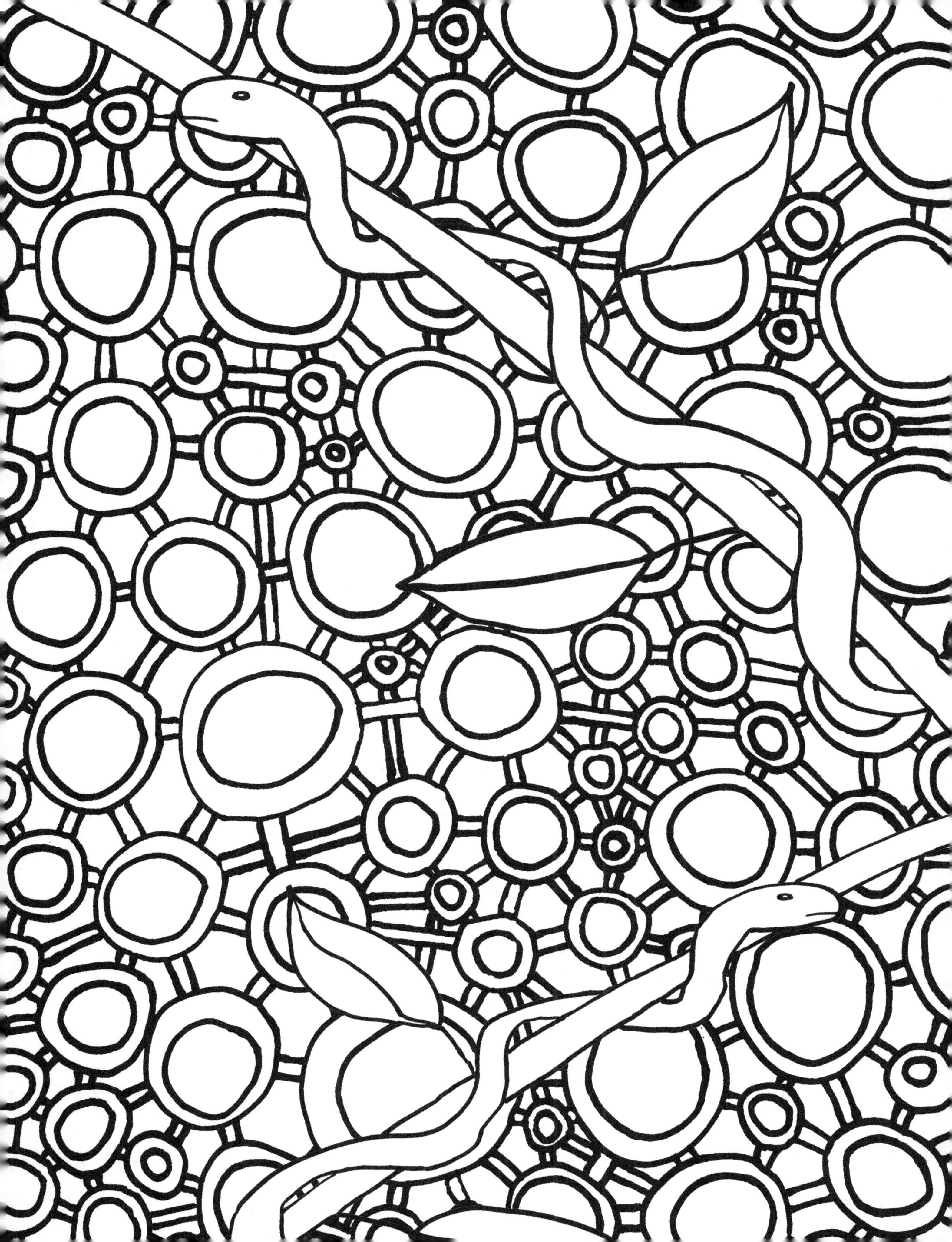

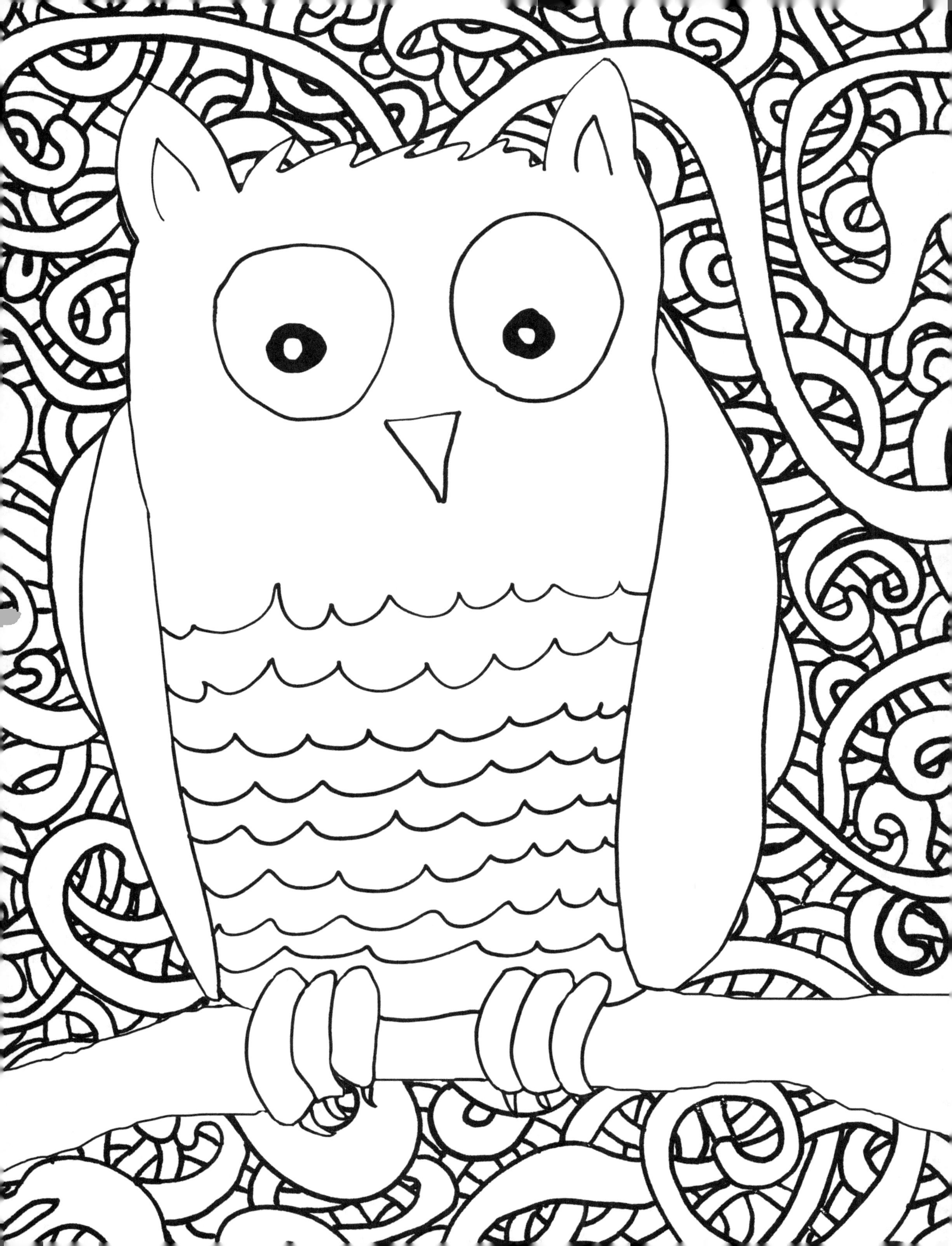

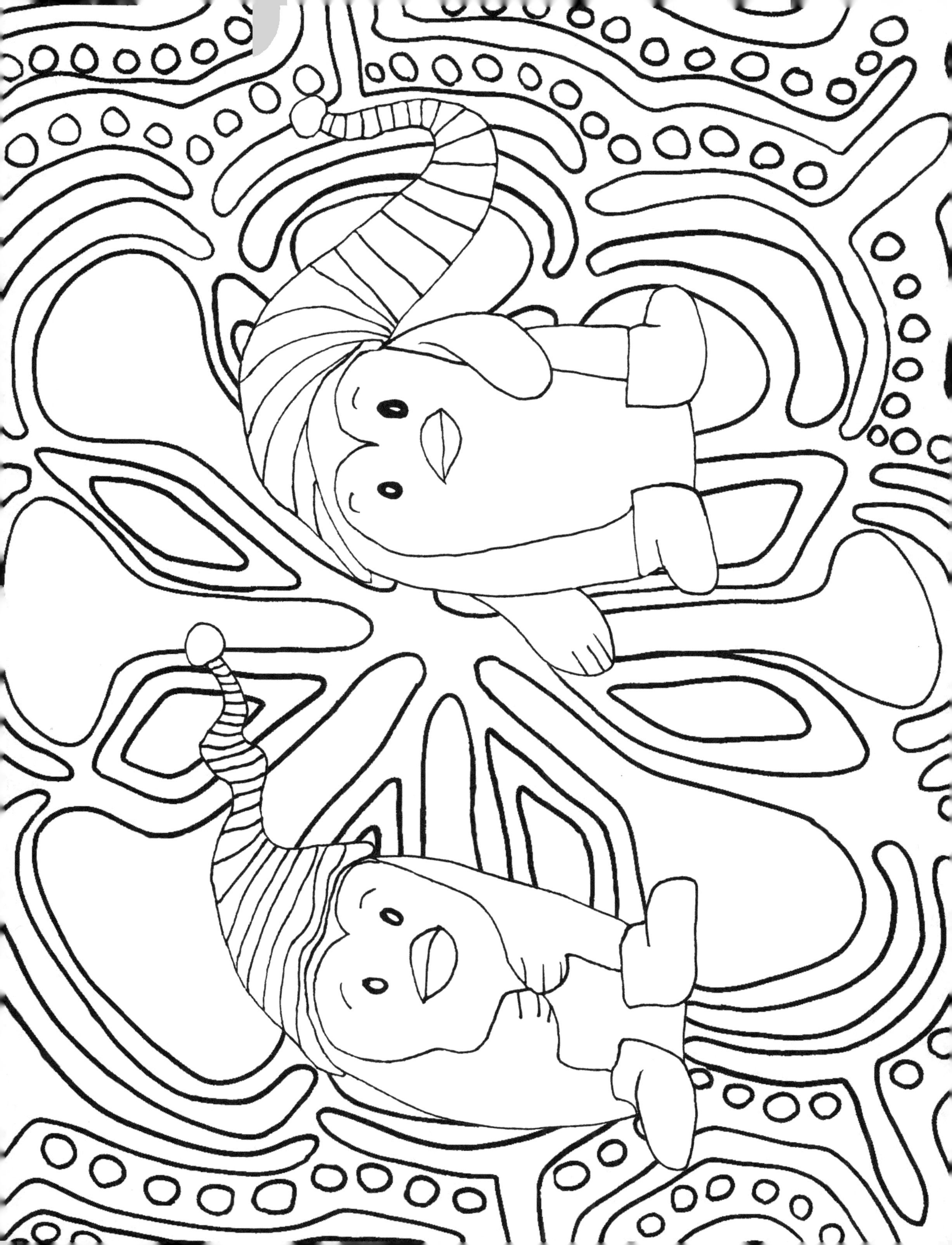

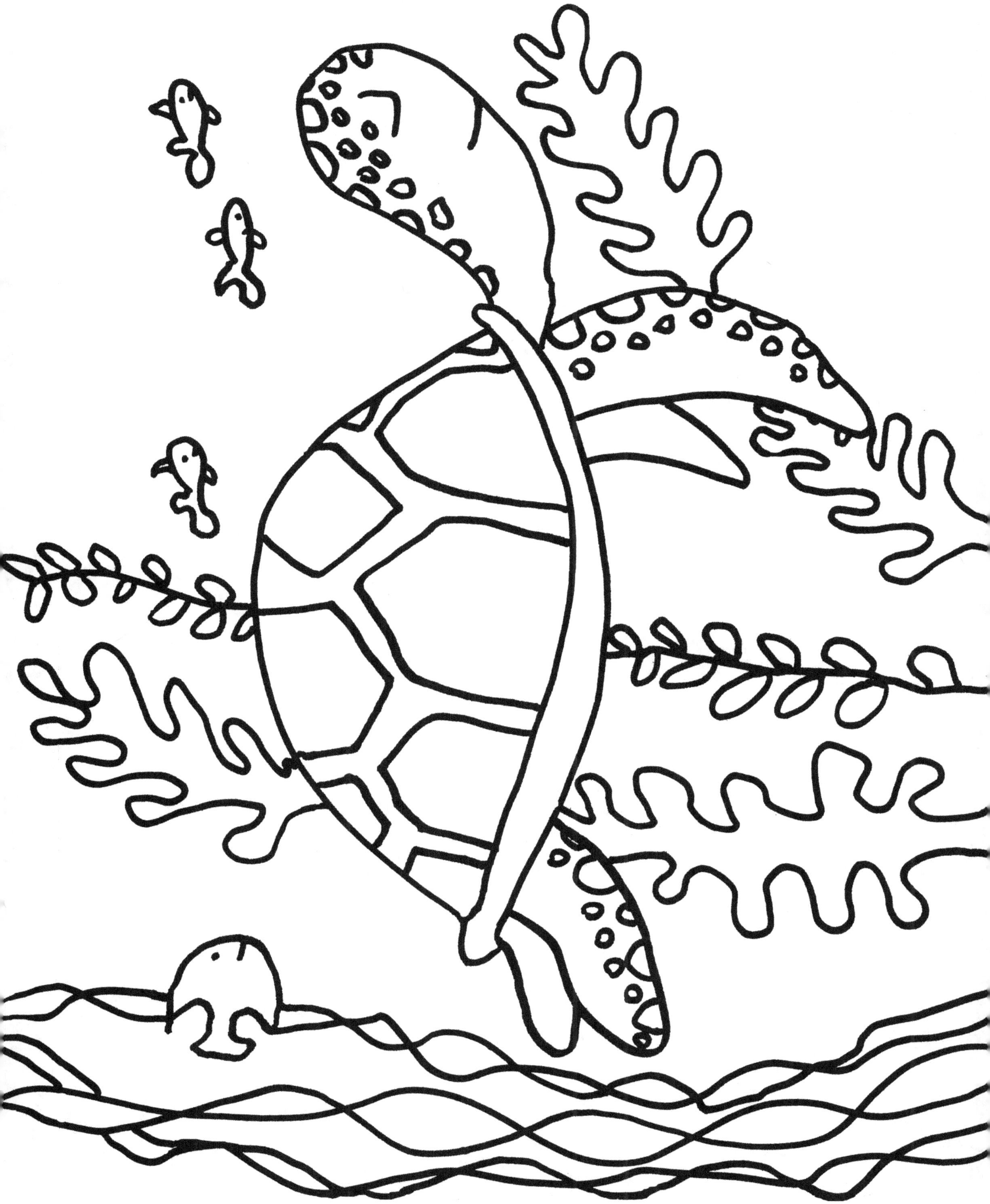

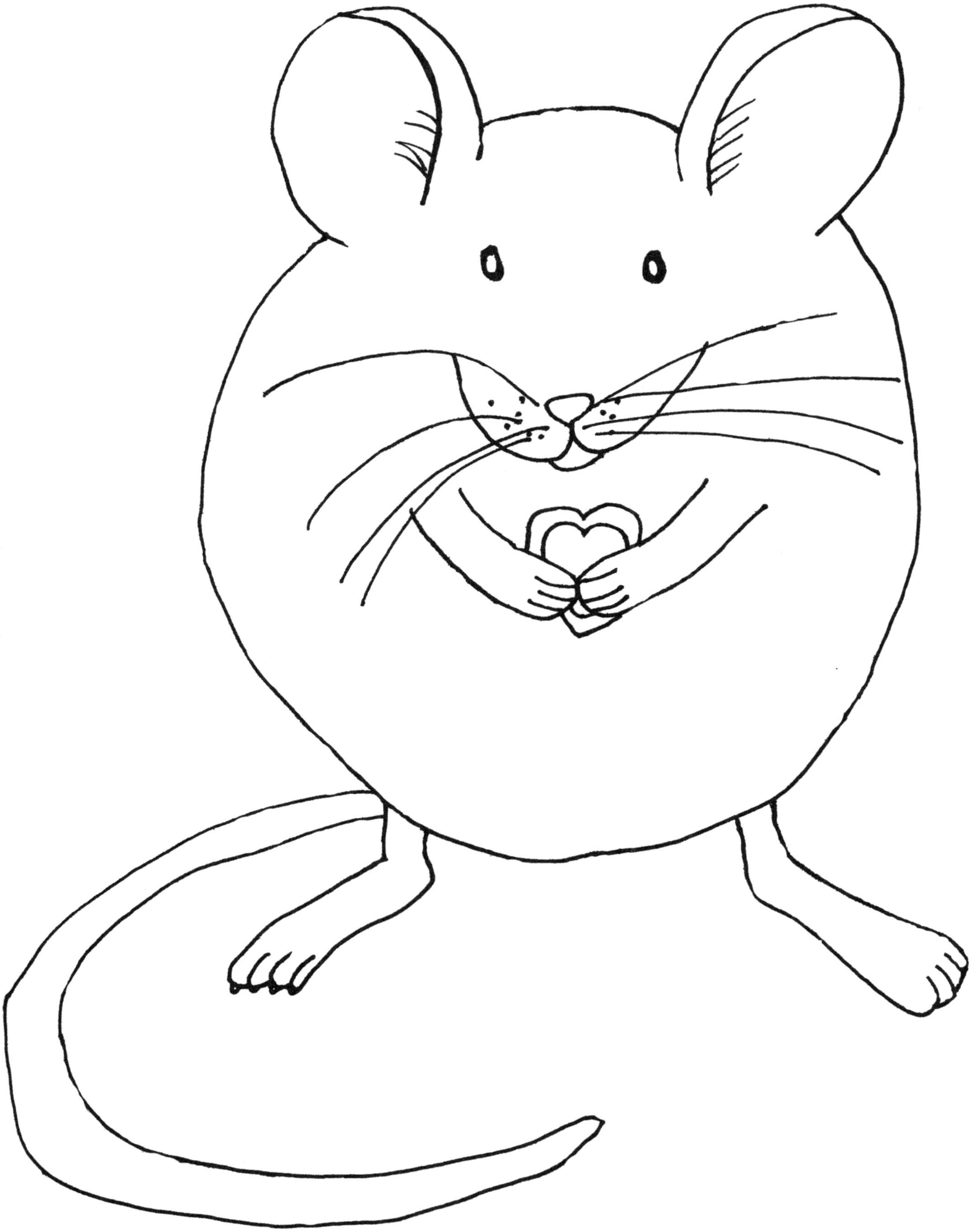

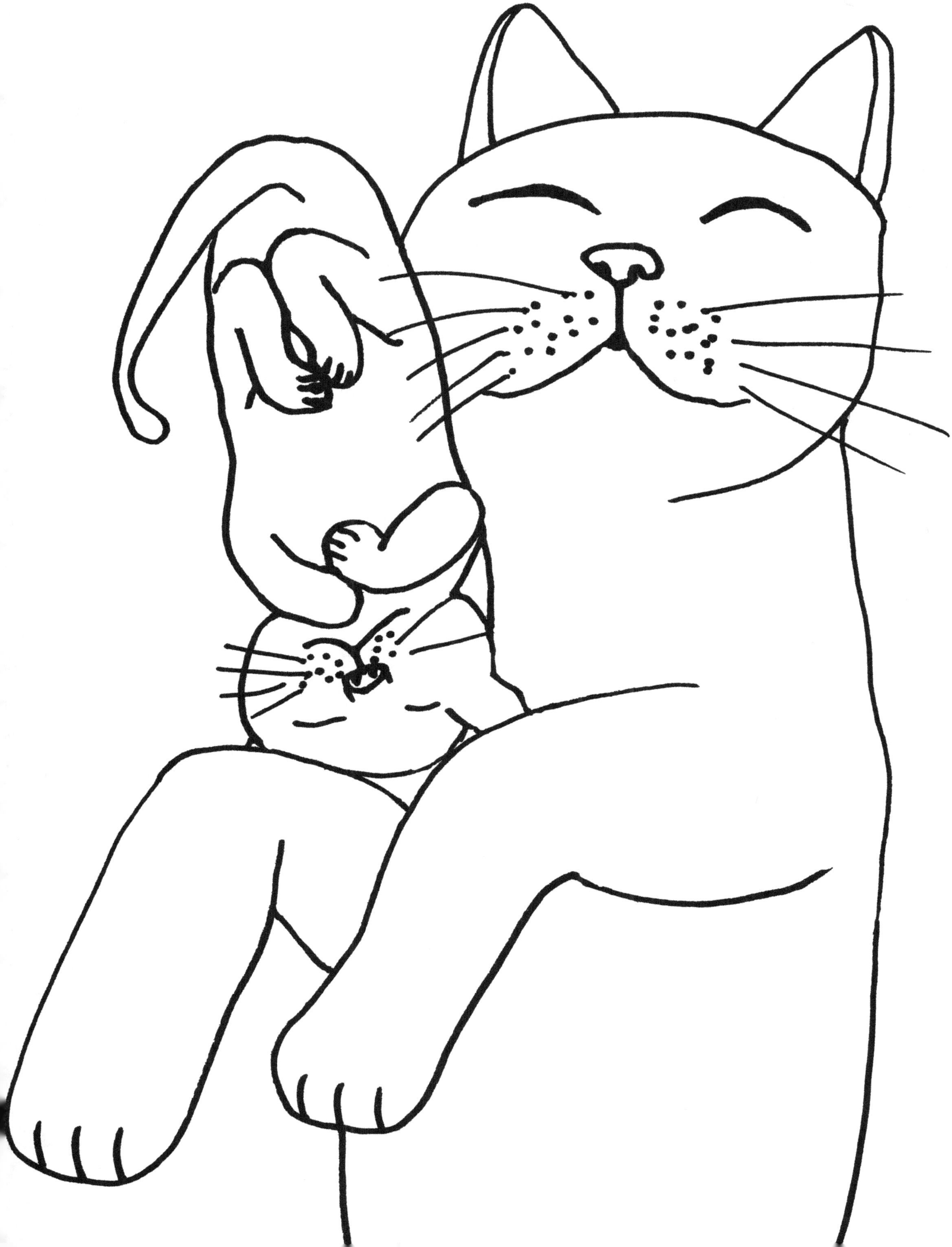

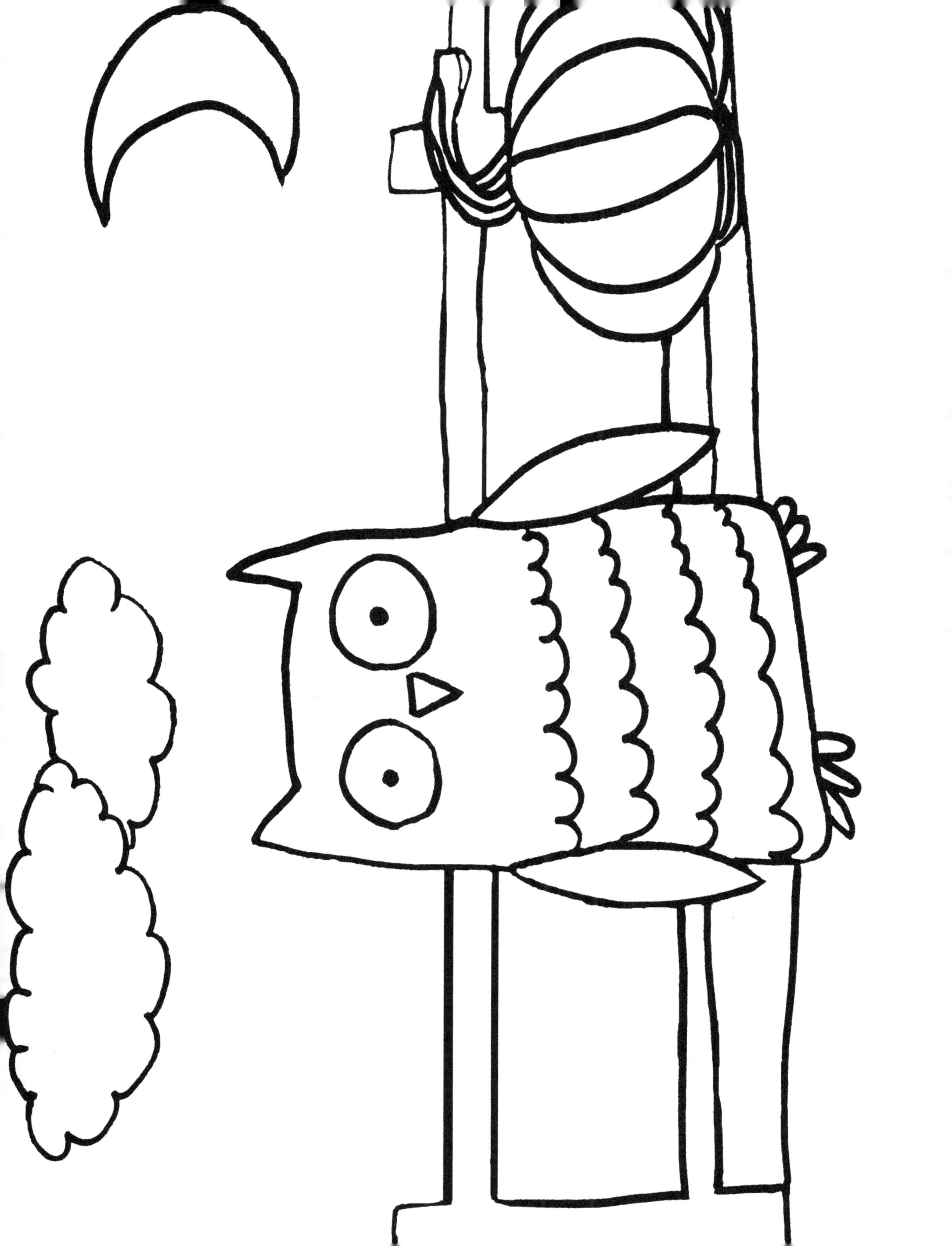

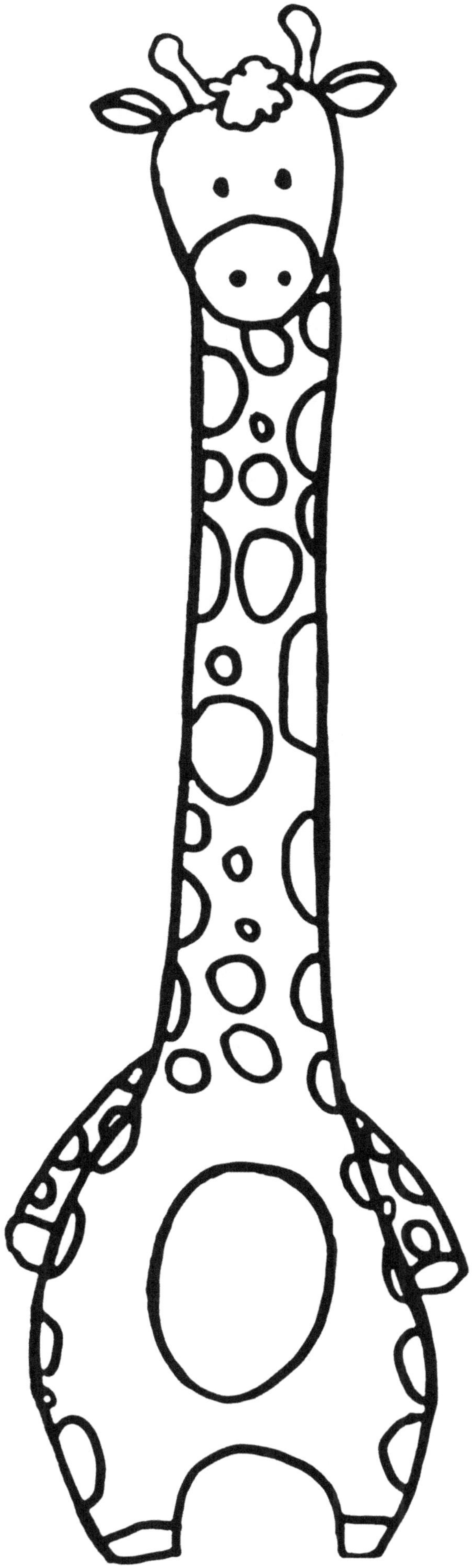

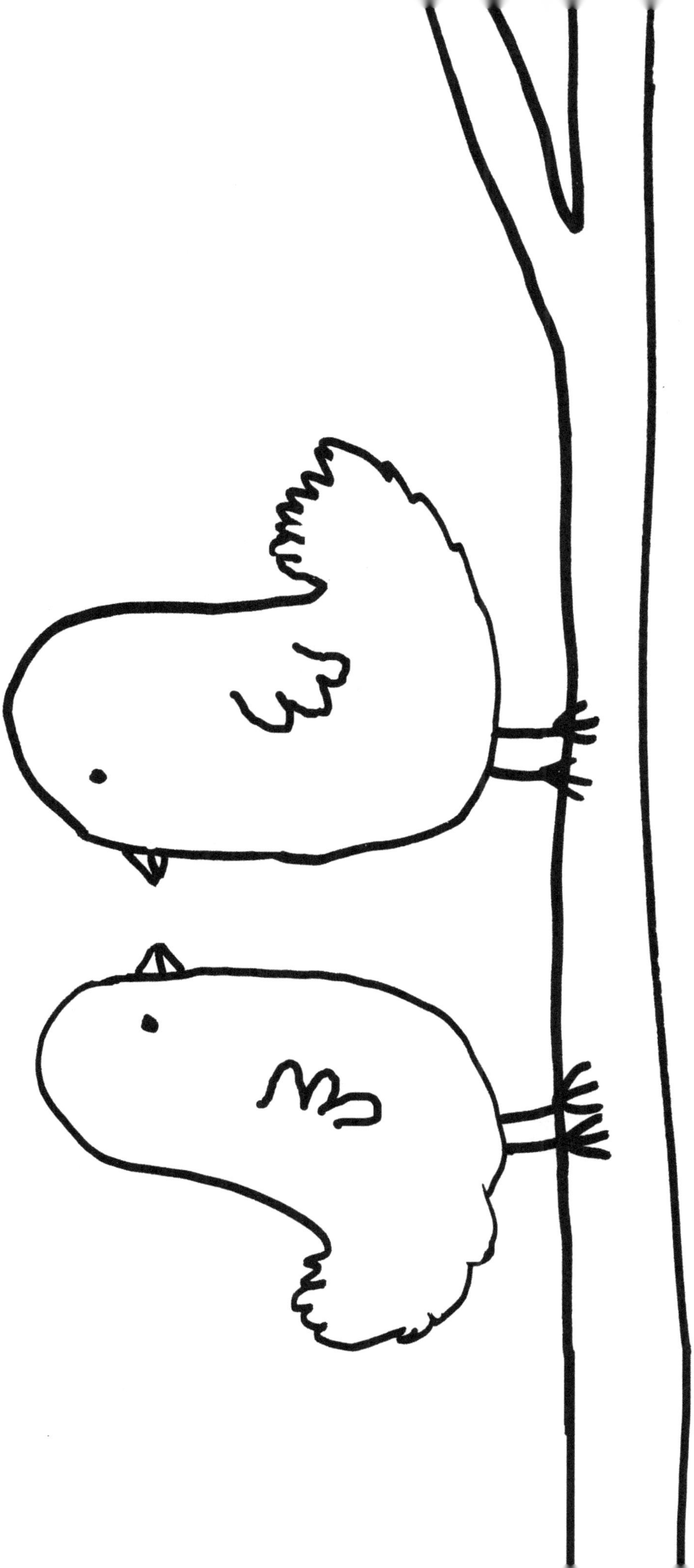

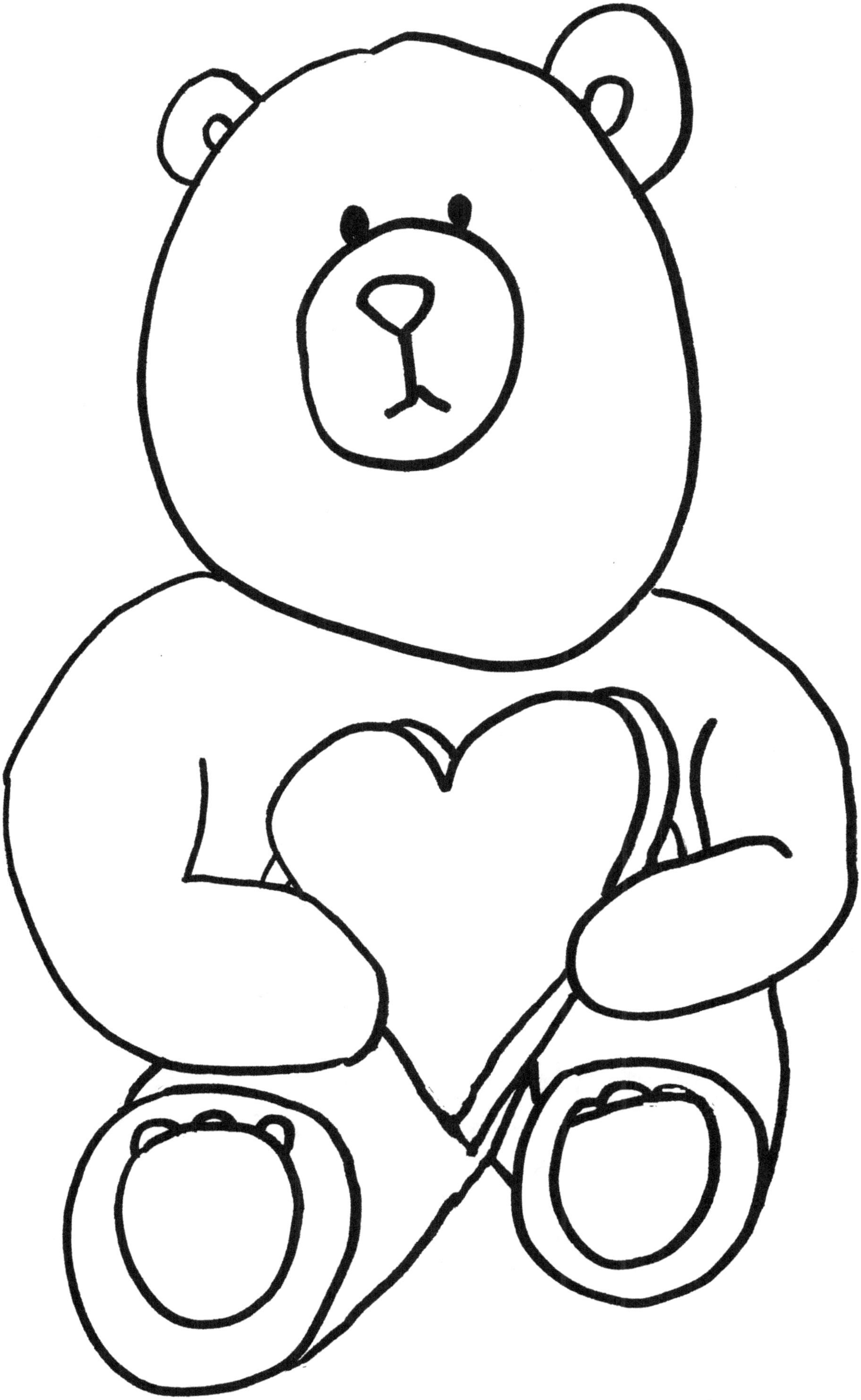

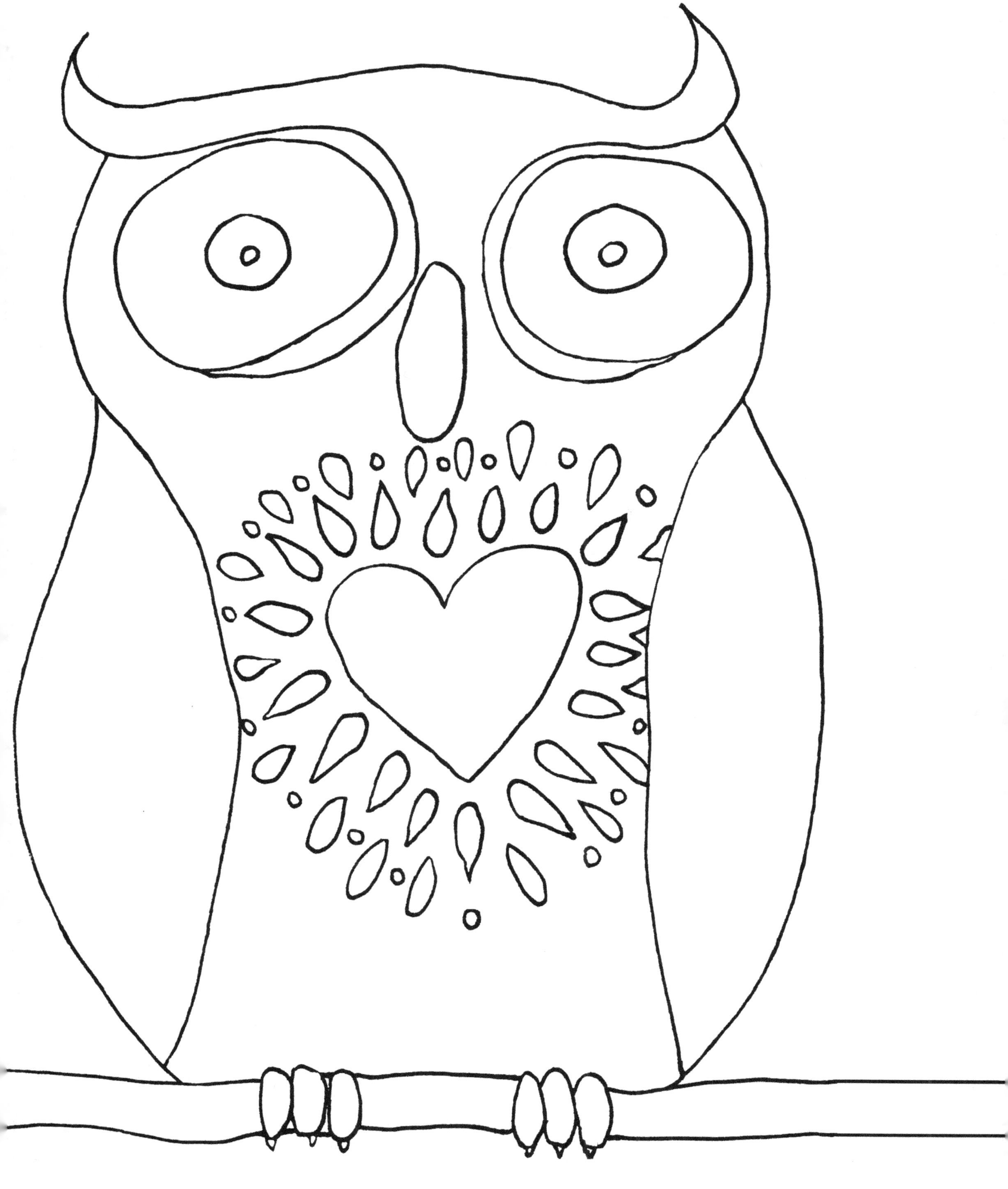

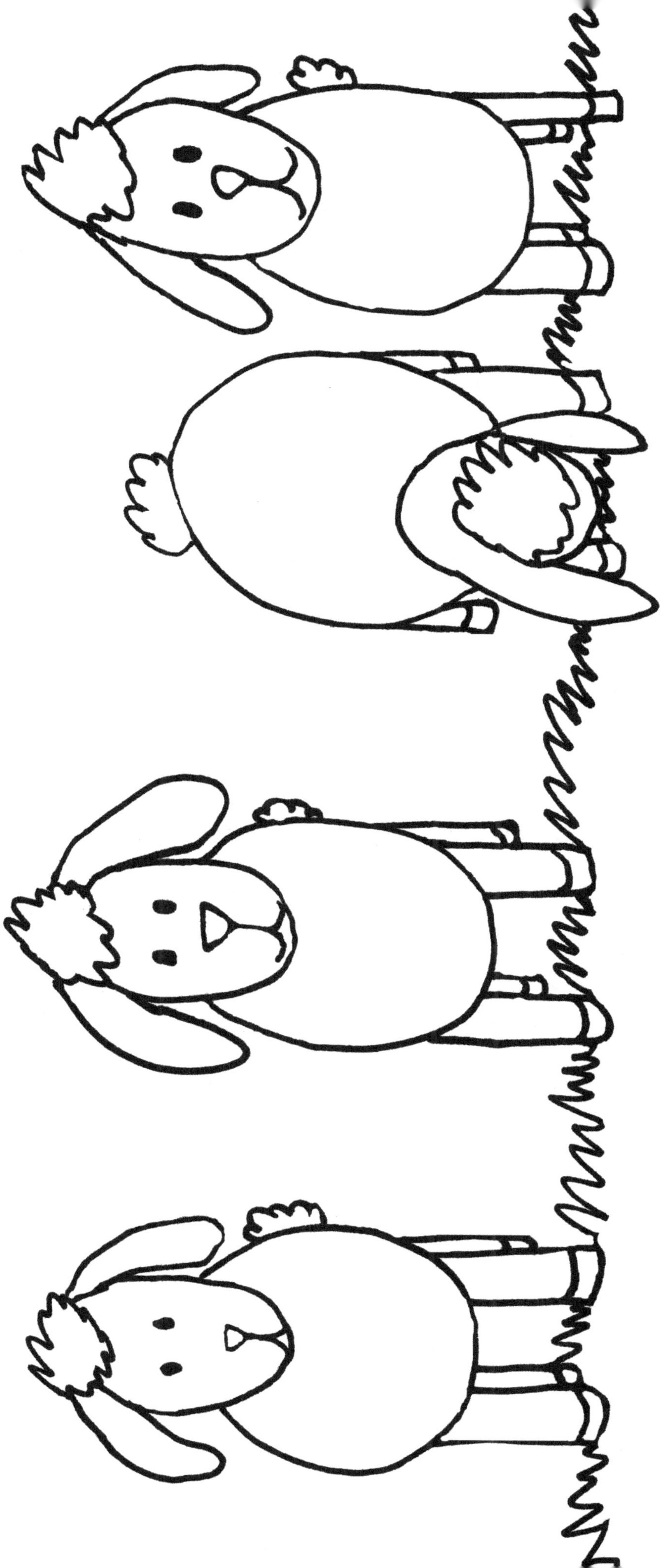

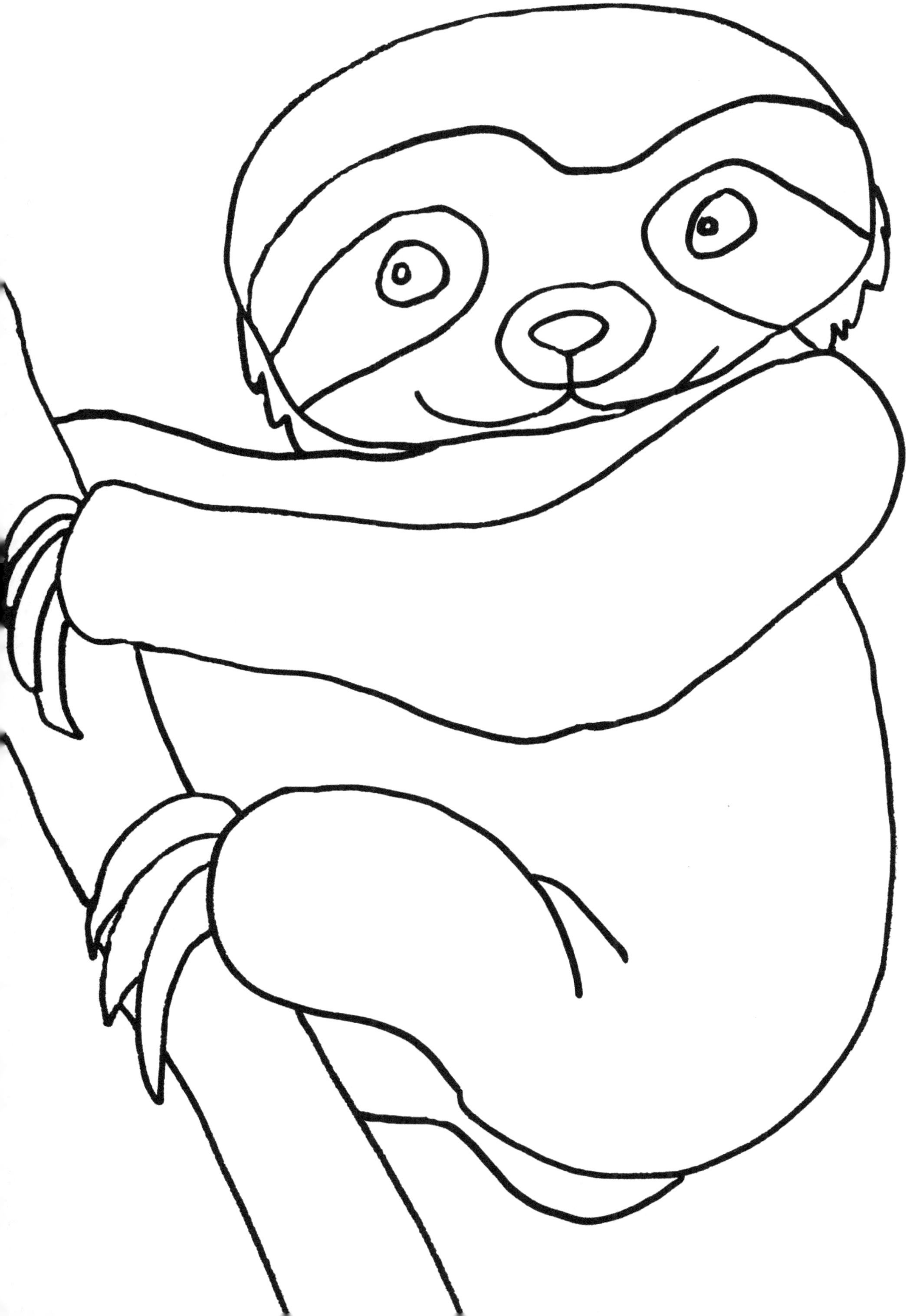

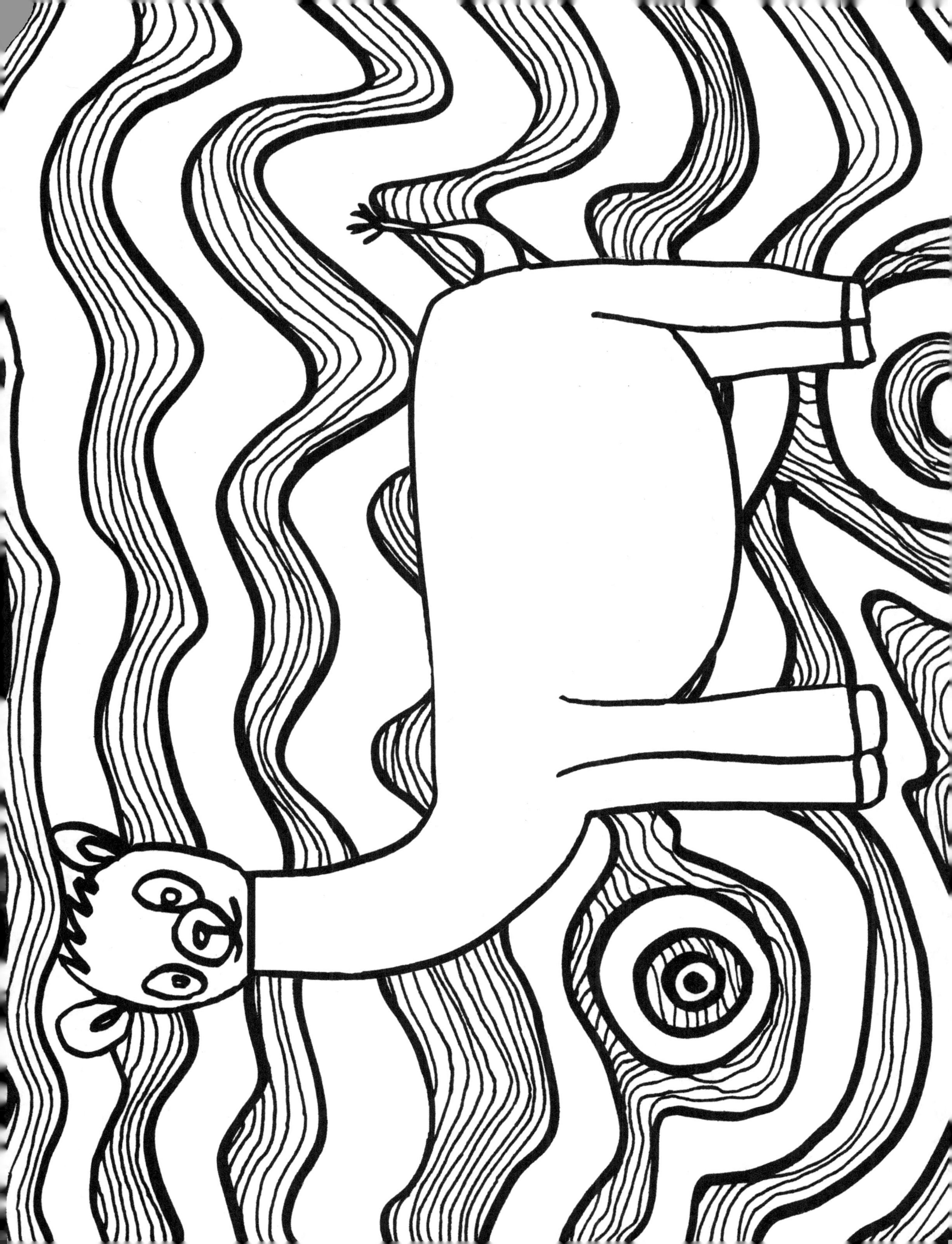

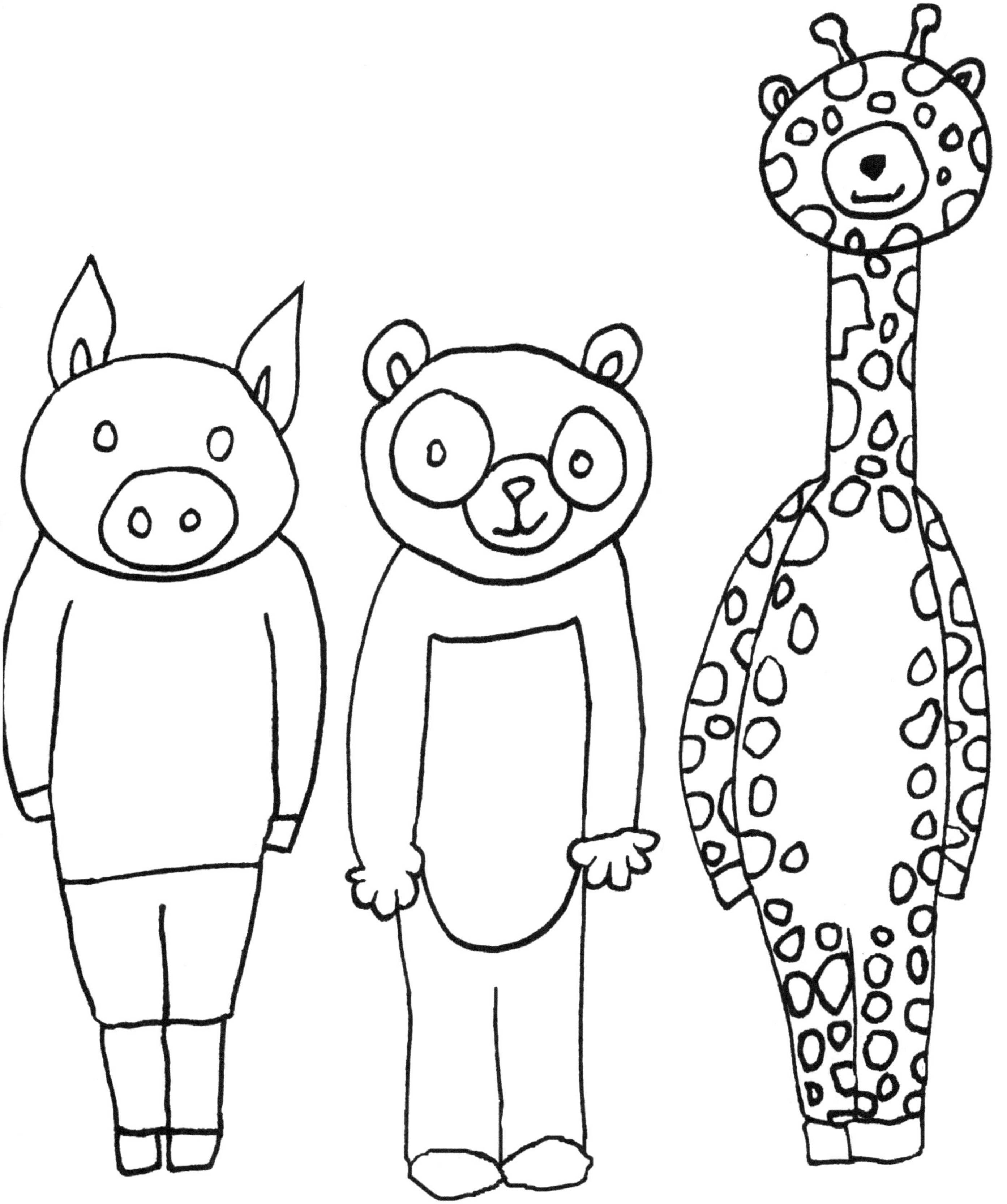

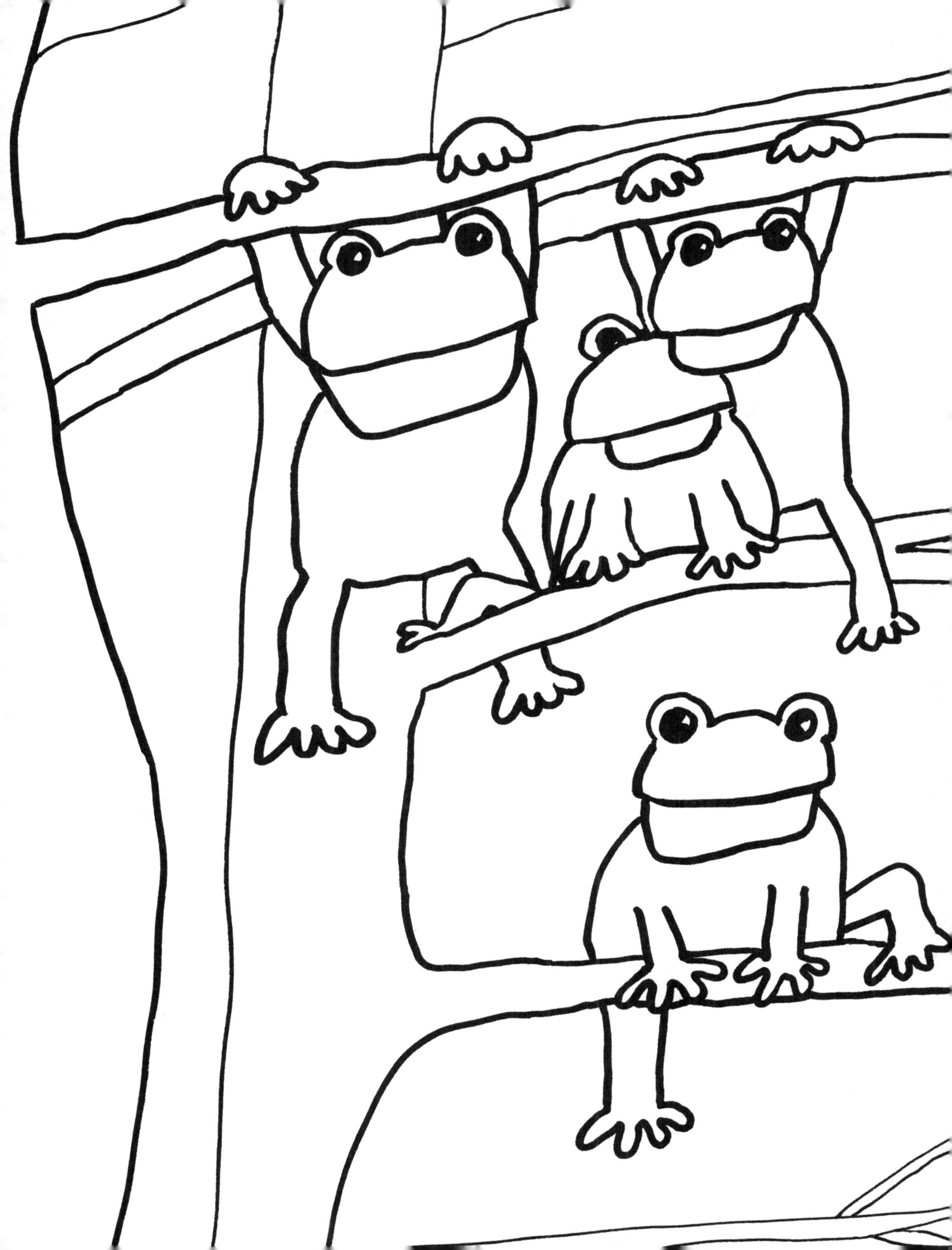

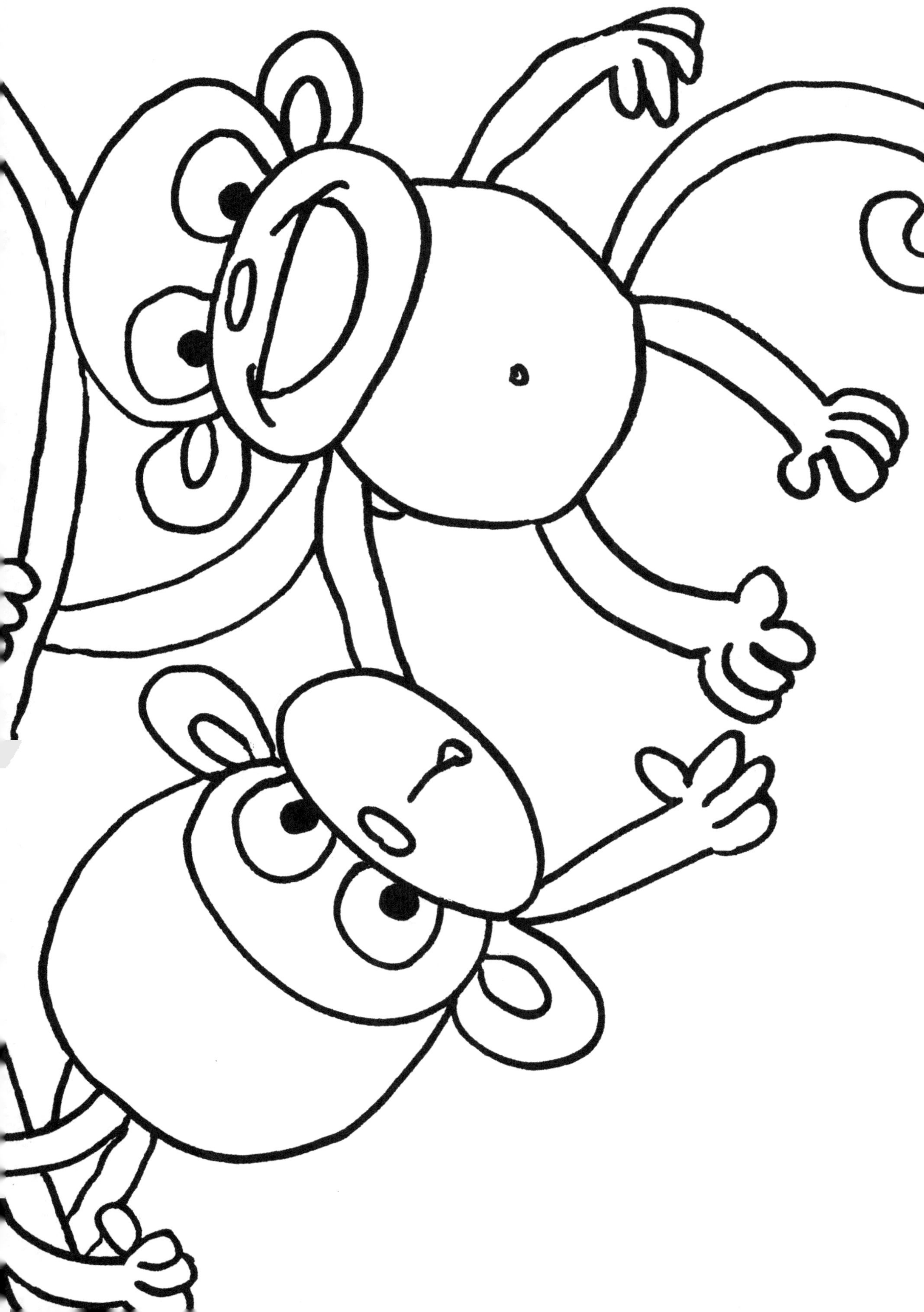

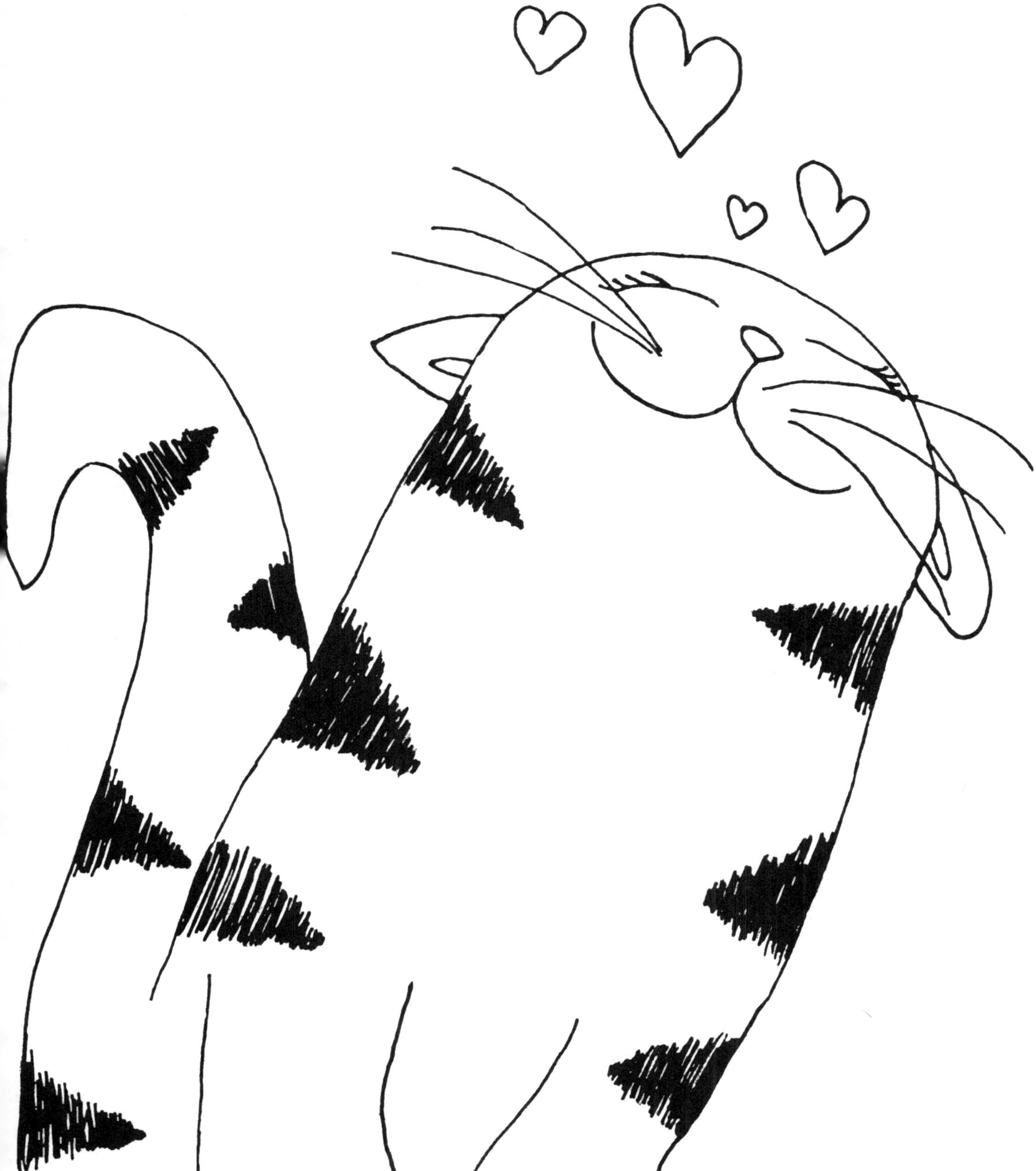

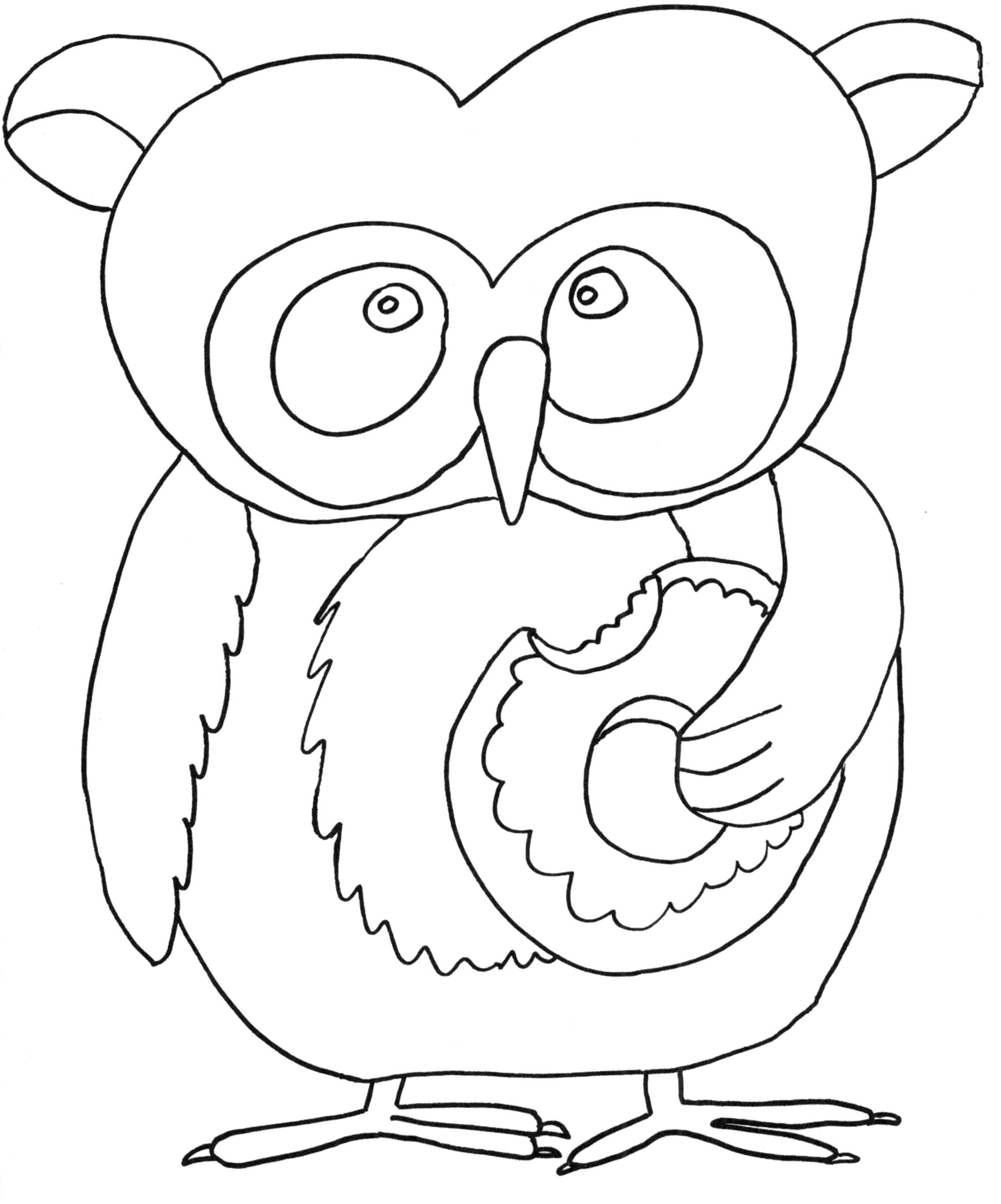

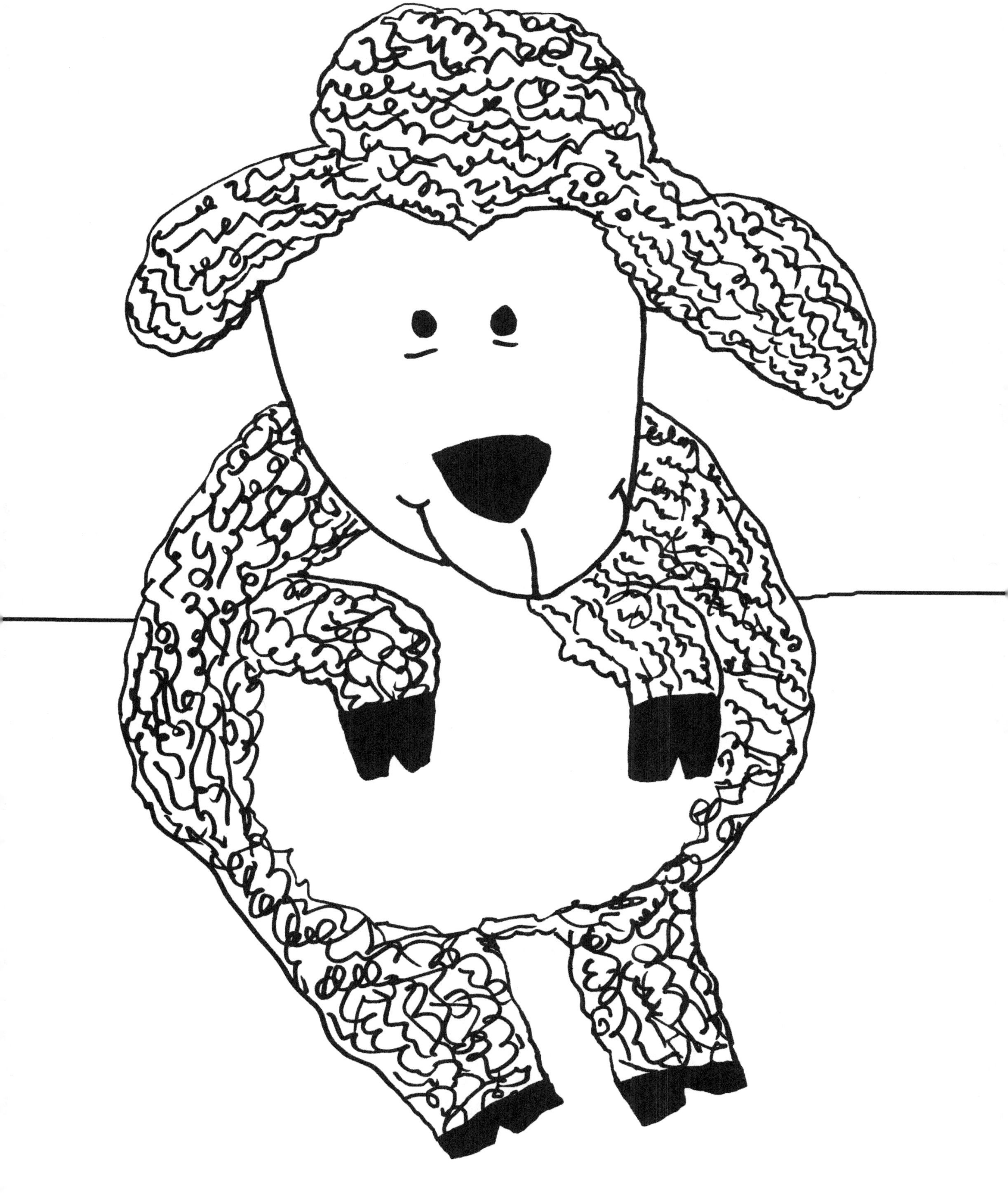

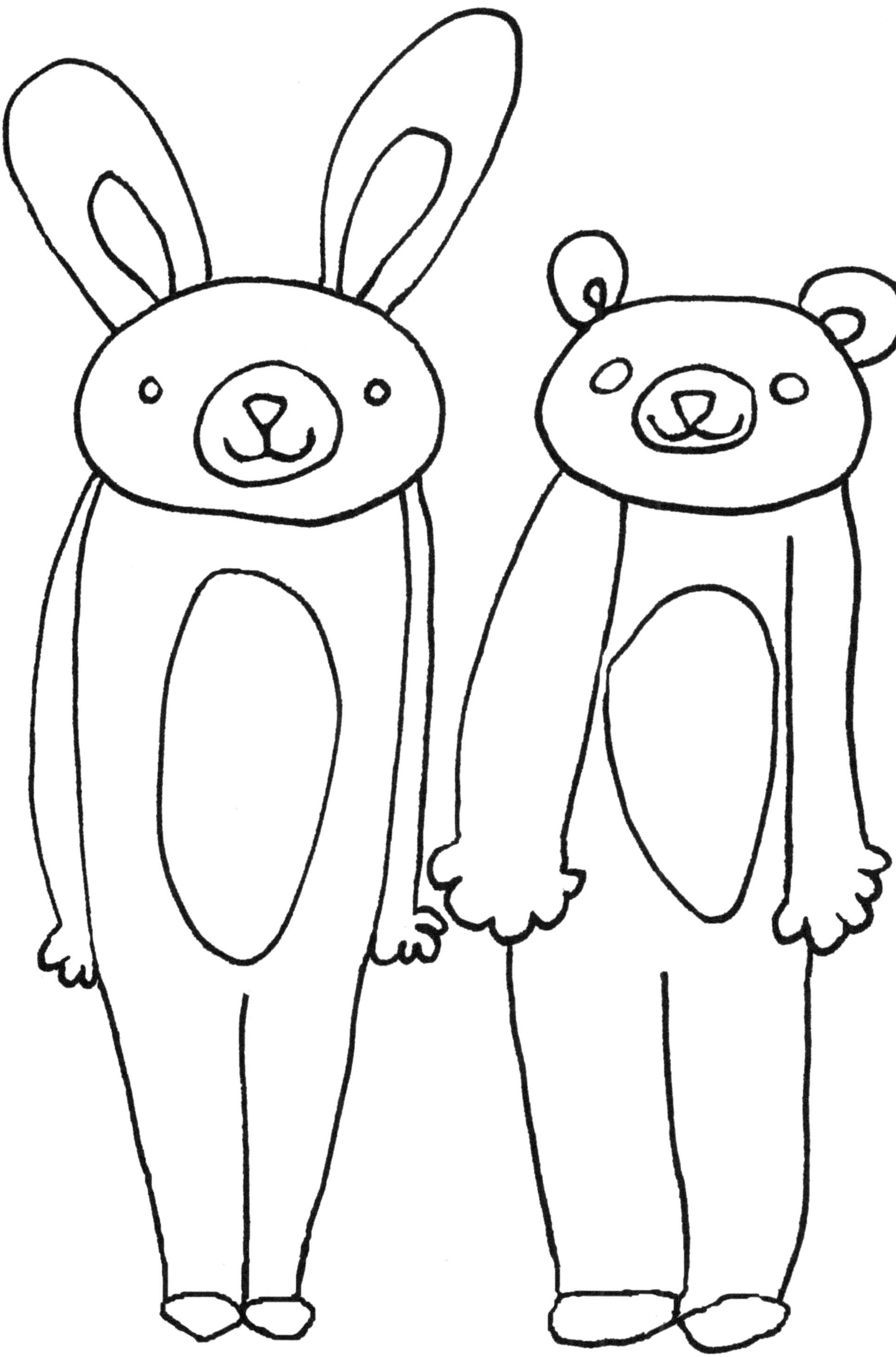

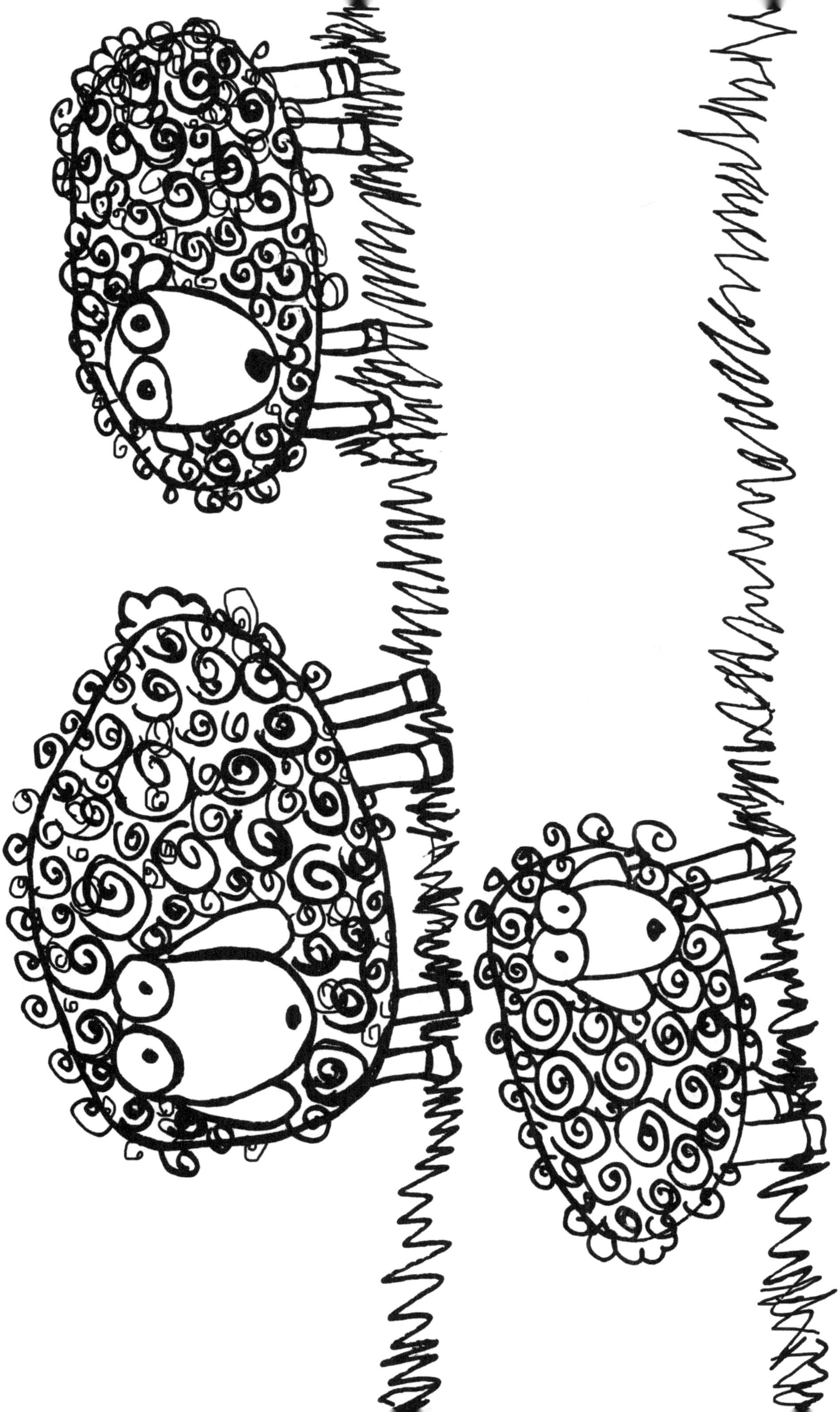

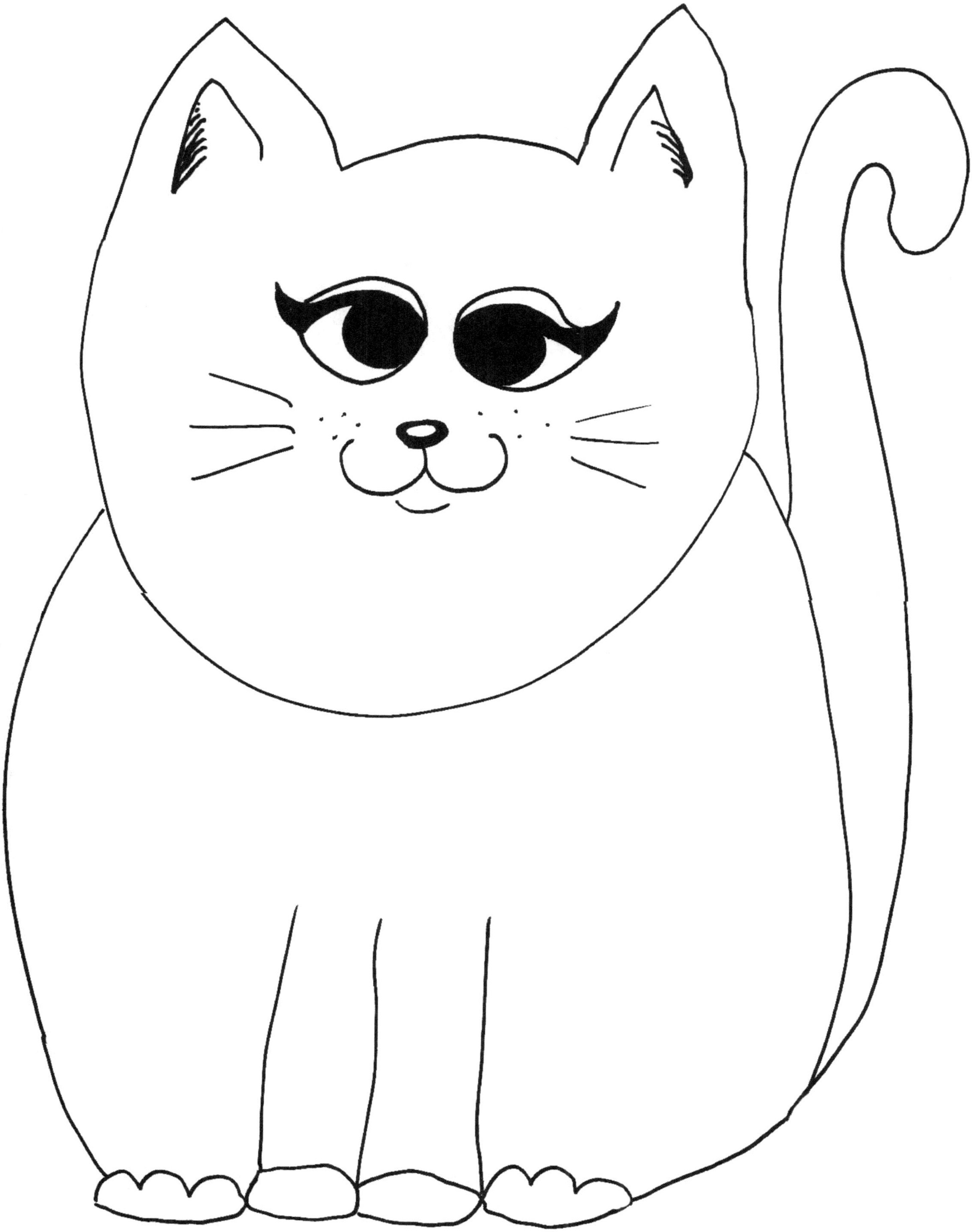

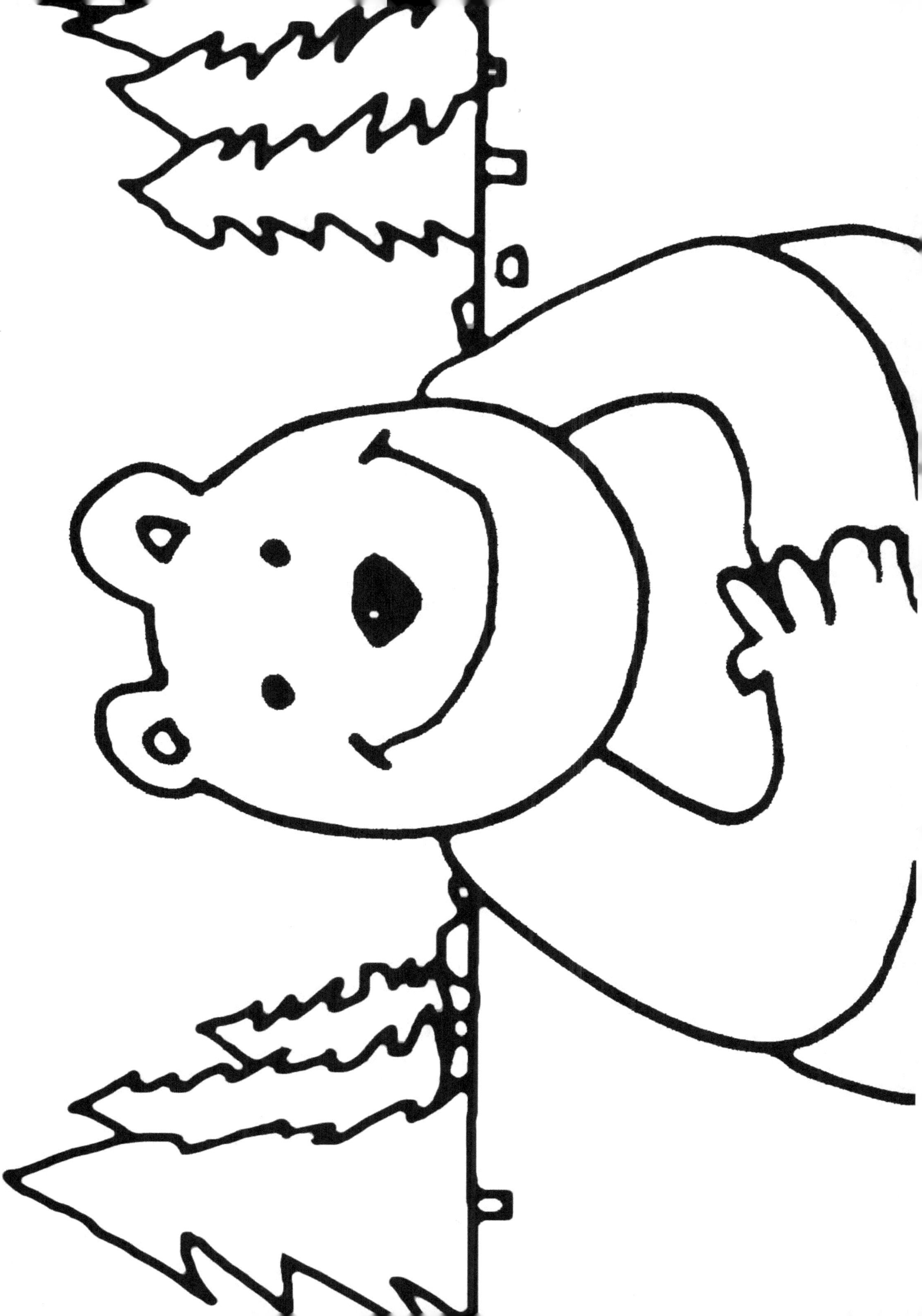

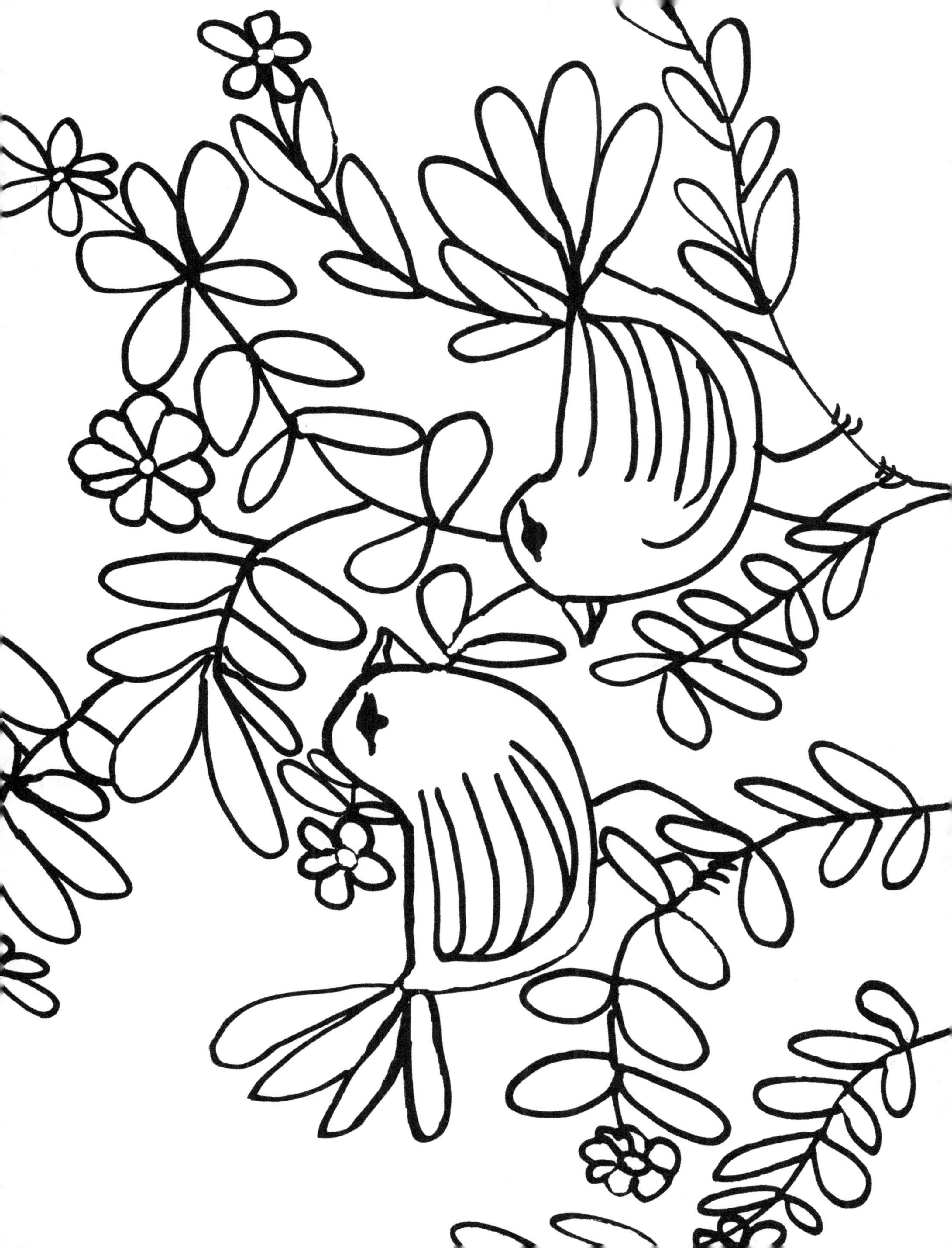

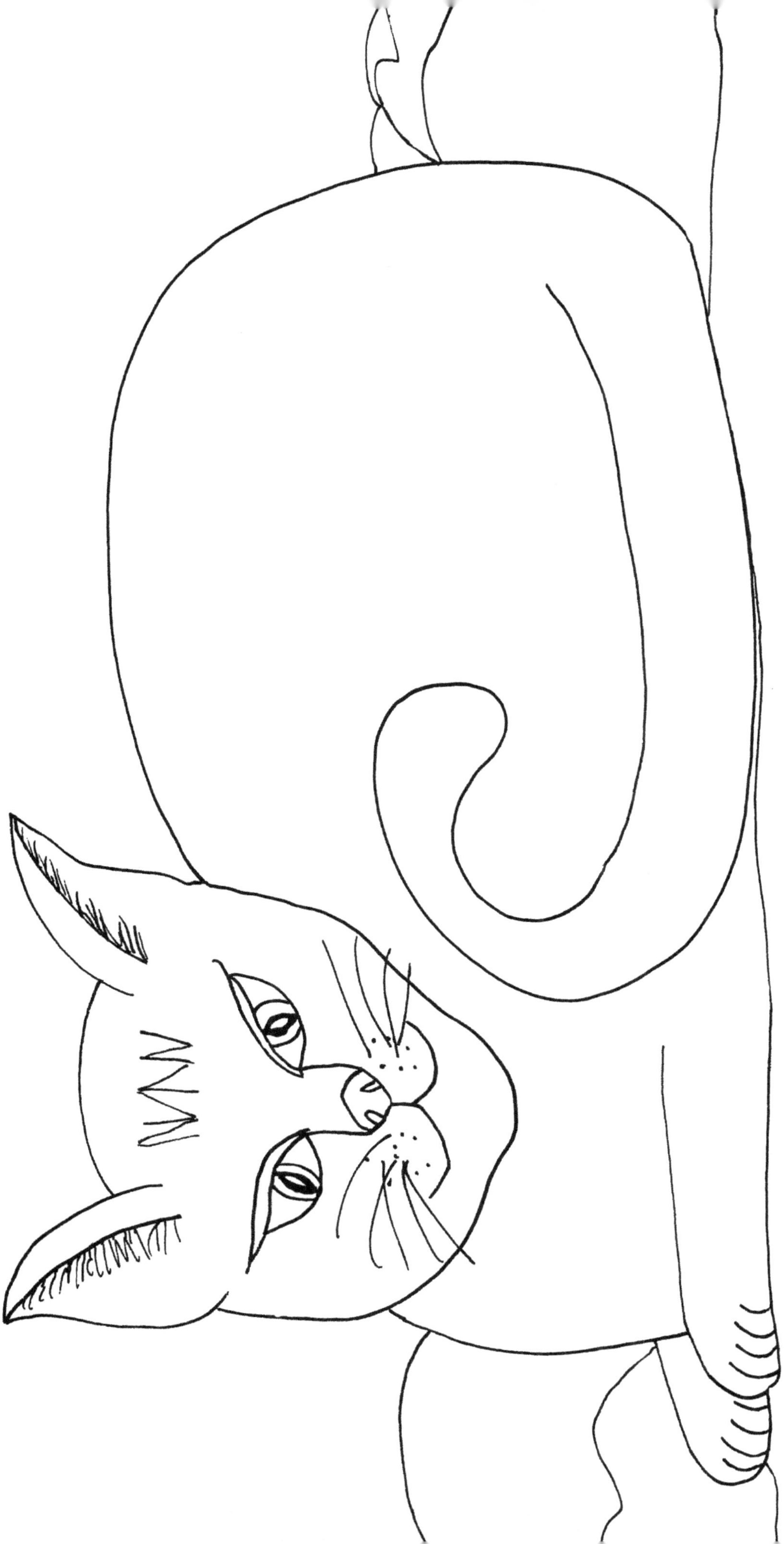

www.ingramcontent.com/pod-product-compliance
Lightning Source LLC
Chambersburg PA
CBHW062200220526
45470CB00009B/2883
* 9 7 8 1 9 7 9 7 7 6 5 8 5 *